AF331639

ARRÊTÉS

DES DISTRICTS RÉUNIS

DU VAL-DE-GRACE

ET

DE S. JACQUES DU HAUT-PAS,

CONCERNANT

LA PERMANENCE DES DISTRICTS

*Et la révocation de leurs Deputés au Comité cen-
tral, établi pour l'examen du plan de la Municipalité.*

L'AN 1790, le 11 Mars après midi, l'Assemblée Générale des Districts réunis du Val-de-
Grace & de Saint-Jacques du Haut-Pas, légale-
ment convoquée en la manière accoutumée en
l'Eglise du Val-de-Grace.

Sur la proposition faite par l'un de ses Membres de remettre en discussion la question de la
permanence des Assemblées générales des Districts, & de revoir son Arrêté du 28 Janvier,
portant adhésion à celui de MM. du District des
Prémontrés, relatif à cette permanence.

A

Confidérant que cet Arrêté d'une fi haute im-
portance , a été pris avec précipitation , à la fol-
licitation preffante & foutenue de MM. les Députés du Diftrict des Prémontrés , *préfens à la
Délibération de l'Affemblée & y délibérans eux-
mêmes* ; qu'il a été pris fans prefque aucune difcuffion préalable , malgré les proteftations d'une
partie de l'Affemblée , malgré l'ajournement de-
mandé avec inftance pour pouvoir s'éclairer fur
une matière auffi délicate ; en un mot contre
toutes les bonnes règles d'une 'Affemblée déli-
bérante.

Confidérant que la Permanence des Affemblées
générales, quel que fût le mode qu'on proposât de
lui donner, feroit une infraction aux règles
générales , aux principes conftitutionnels confa-
crés par l'Affemblée Nationale dans l'art. 24 de
fon Décret fur les Municipalités : règles générales auxquelles on ne peut appliquer de bonne-
foi ces exceptions annoncées pour la Ville de
Paris par l'article 25 du même Décret , puifque
les termes précis de cet article ne laiffent pas
même le prétexte de l'erreur à ceux qui ne le
dénaturent que pour accréditer & propager leurs
opinions.

Confidérant que cette permance feroit contraire

à tous les principes d'une faine politique ; que loin de ramener dans cette Capitale ce calme fi important à fa profpérité, elle ne feroit qu'y fomenter, y entretenir cet efprit de trouble & de divifion qui retient encore loin d'elle une multitude de Citoyens aifés, de riches confommateurs, d'Etrangers amis des Arts, avides de nos plaifirs, qui bientôt rameneroient avec eux l'or qui les a fuivis, & dont les profufions vivifieroient le commerce, alimenteroient nos Manufactures, & nous aideroient à fauver le danger de l'inaction du Peuple.

Que 60 Communes partielles dans la même Commune ; que 60 Autorités, fans unité poffible entre elles, dans une perpétuelle oppofition avec le Corps repréfentatif, entravant, arrêtant fans ceffe la marche de l'adminiftration, offriroit une Conftitution telle qu'on n'en fauroit imaginer de plus monftrueufe & de mieux combinée pour nous précipiter dans une Démocratie défordonnée, ou plutôt dans une Anarchie que fuivroit infailliblement le plus affreux defpotifme.

Qu'après tant d'agitations, tant de fecouffes falutaires, fuites inévitables du retour d'un grand Peuple à fa liberté, il eft temps enfin que Paris, qui a fait tout pour elle , apprenne aux autres Villes à jouir de fa conquête.

Qu'elle leur doit fur-tout l'exemple fi puiffant de fon refpect pour les Légiflateurs de la Nation, de fa foumiffion à leurs Décrets, de fon empreffement à procurer à fon Prince, à fon bienfaiteur , ces jours heureux qu'il nous demande & qu'il veut nous payer de tout fon amour ; qu'elle leur doit l'exemple de fa confiance dans fes chefs, d'une union parfaite entre tous les pouvoirs qui l'adminiftrent , d'une véritable fraternité entre tous fes Concitoyens, enfin de fa religieufe horreur pour toute infraction à ces nobles fermens de fidélité & de patriotifme prêtés & réitérés à la face des autels & du monde entier avec tant de folemnité & tant d'appareil.

Confidérant que l'Affemblée Nationale ne pourroit elle – même, fans s'écarter de fes grands principes de juftice diftributive , accorder à la Ville de Paris cette permanence, qui feroit un privilége bien autrement important que ceux auxquels elle a formellement renoncé par fes Cahiers, puifqu'il formeroit une exception aux droits politiques & conftitutifs de toutes les autres Municipalités du Royaume ; qu'ainfi montrer au Peuple cette permanence comme le feul rempart de sa liberté, de son bonheur, ce seroit l'égarer, & peut-être lui insinuer à l'avance un esprit d'opposition & de résistance au prochain Décret de l'Assemblée Nationale sur l'organisation de notre Municipalité : que Paris ne peut, d'ailleurs, élever cette prétention sans violer ce pact de fraternité, d'égalité, qui, devant désormais ne faire qu'une famille de toutes les Municipalités, va établir entr'elles un concert de vues & d'opérations dirigées vers le but commun de la prospérité de cet Empire. Que si, par impossible, Paris obtenoit cette faveur ; que de plaintes, que de réclamations ne formeroient pas les Départemens, les Districts, les Villes, les Bourgs, les moindres Villages ! Tous égaux en droits, la leur accorderoit-on à tous ? Que seroit-ce alors qu'un aussi vaste Royaume toujours assemblé ? Cette politique insensée ne peut être que le produit de l'ignorance ou du mépris des principes d'une sage & libre Constitution.

Considérant que les divers motifs allégués en faveur de la permanence, sont illusoires & chimériques : telles sont ces craintes prématurées, déjà imprimées dans l'esprit du Peuple, de voir dégénérer en aristocratie une Municipalité qui n'existe pas encore, qui sera de notre choix, que nous rappellerons en totalité tous les deux ans, par moitié tous les ans; une Municipalité dont les Affemblées générales feront publiques, qui fera refponfable, comptable, non-feulement au Corps des Citoyens, mais même à tout Citoyen en particulier; une Municipalité, enfin, qui fera conftamment fous la double furveillance de l'Affemblée de Département & de l'Affemblée Nationale : telles font encore ces vaines appréhenfions, que la non - permanence des Affemblées de Diftricts ne replonge tout-à-coup dans l'apathique infouciance de fes plus chers intérêts, un Peuple fi jaloux de fa liberté. En effet, ne fuffiroit-il pas, pour entretenir ce feu patriotique qui l'anime, de porter un regard attentif fur l'état d'activité que va bientôt communiquer notre Conftitution à toutes les parties intégrantes de ce vafte Empire? La liberté de la Preffe, non telle que l'ont indignement profanée tant d'Ecrivains incendiaires, qui tous les jours égarent & empoifonnent le Peuple par leurs infignes menfonges, qui ne vivent & ne fubfiftent que du vil prix de leurs calomnies, qui, fans doute, ne fervent fi bien les ennemis du bien public, que parce qu'ils en font foudoyés; mais telle que nous devons l'attendre de la fageffe de nos Légiflateurs : cette liberté de la Presse ne suffira-telle pas pour stimuler notre surveillance, & nous préserver de cette léthargie sous laquelle s'éteint toujours le feu du patriotifme & de la liberté ? N'aurons-nous pas les Assemblées toujours actives de la Municipalité, du Département, celles annuelles de nos élections, celles qu'exigeront des cas imprévus & extraordinaires ? N'aurons-nous pas les exercices de nos Bataillons, nos Fêtes civiques, & tant d'autres sujets de nous rappeler, au sein même de la paix, ces jours heureux de nos conquêtes ?

Considérant que le Peuple de Paris est sans aucun intérêt à demander la permanence de ses Assemblées générales, puisque ce même article 25 du Décret, qui les interdit si sagement après les élections, oblige néanmoins le Corps municipal à les convoquer extraordinairement dans tous les cas où elles seroient demandées par un nombre déterminé de Citoyens actifs, & notamment par 150 Citoyens dans les Villes au-dessus de 4000 ames ; qu'il ne faut donc pas lui laisser perdre de vue cette faculté si précieuse qu'on lui conserve de s'assembler dans les cas extraordinaires, faculté qui lui suffira toujours pour maintenir son droit d'inspection immédiate sur ceux qu'il aura honorés de sa confiance.

Confidérant que c'eſt encore une erreur que d'appuyer la néceſſité de la permanence des Diſtriƈts ſur le ſervice inappréciable qu'ils ont rendu à cette Capitale & au Royaume entier, à l'époque du 13 Juillet; que l'avantage qu'on reſſentit alors de l'exiſtence des Diſtriƈts ne réſulta pas de la permanence de leurs aſſemblées générales, puiſque toutes avoient ceſſé auſſitôt après le choix des Electeurs; mais qu'il réſulta de la promptitude avec laquelle un avis émané de l'Hôtel-de-Ville put organiſer ſur - le - champ la multitude, en raſſemblant, en un moment, tous les Citoyens à des points de réunion déjà connus.

Que ſi jamais pareille criſe ſe repréſentoit, nous aurions, ce qui nous manquoit alors, ſoixante Bataillons de Citoyens patriotes toujours prêts à marcher au premier ſignal; que s'il falloit encore doubler ces Bataillons, il n'eſt pas un bon Citoyen qui voulût attendre l'Arrêté d'une aſſemblée générale, pour ſe rallier au drapeau de ſon Diſtriƈt.

Confidérant enfin que demander la permanence ſous prétexte de la néceſſité d'une ſurveillance continuelle de la prochaine Municipalité, c'eſt calomnier la Capitale aux yeux de toute la France, de toute l'Europe, puiſque c'eſt mettre en fait l'impoſſibilité de trouver dans chacune des ſoixante Sections, ſeulement quatre ou cinq Citoyens, vrais amis d'une ſage liberté, irréprochables, inſtruits, & capables de gérer les affaires municipales avec zèle, droiture & déſintéreſſement.

Par toutes ces conſidérations, l'Aſſemblée générale deſdits Diſtricts réunis du Val-de-Grace & de Saint-Jacques, après mure délibération, a arrêté :

1°. Qu'elle révoque ſon précédent Arrêté du 28 Janvier, concernant la permanence des Aſſemblées générales des Diſtricts ; lequel ſera regardé comme nul & non avenu.

2°. Qu'elle n'entend prendre aucune part à toute Adreſſe qui ſeroit ou pourroit être projetée pour demander cette permanence à l'Aſſemblée Nationale.

3°. Qu'un exemplaire de ſon préſent Arrêté ſera porté au Comité de Conſtitution de l'Aſſemblée Nationale, & à l'Aſſemblée générale des Repréſentans proviſoires de la Commune, par MM. le Gros, Gallien, du Tertre de Veteuil, Dupoulx & Cattet, qu'elle a ſpécialement chargés de ſes pouvoirs à cet effet.

4°. Que le préſent Arrêté ſera notifié au Comité central, ci-devant établi à l'Archevêché, pour délibérer fur cette Adreffe.

5°. Qu'il fera communiqué aux cinquante-huit autres Diftricts.

6°. Qu'il fera rendu public par la voie de l'impreffion.

Fait en l'Affemblée générale lefdits jour & an.

LE GROS, *Préfident.*

MAURANS,
CATTET,   } Secrétaires.
JULIENNE.

Dudit jour 11 *Mars.*

La fufdite Affemblée, ouï le rapport de fes Députés au Comité central établi à l'Archevêché pour le plan de Municipalité, voyant avec doulleur que ledit Comité s'occupe d'objets abfolument étrangers à celui de fon inftitution, tandis qu'il devroit fe borner au dépouillement général des obfervations faites par les diverfes fections fur le plan de Municipalité, & à leur réunion en un tout unique, pour être préfenté à l'Affemblée Natio-nale, à titre de Mémoire feulement.

Confidérant que depuis huit jours que ledit Comité eft organifé, il paroît qu'il s'eft fouvent écarté de l'ordre de fa miffion, pour fe livrer à des difcuffions fur des matières qui, paffant fes pouvoirs, ne fauroient être de fa compétence, & qu'il n'y a que quelques notes relatées fur un très-petit nombre d'articles.

Que cependant il eft urgent de concourir avec rapidité à l'organifation de cette immenfe Cité, dont les arts, les fciences & le commerce, fufpendus & prefqu'anéantis par la crife de la Révolution, ne pourront recouvrer leur ancienne fplendeur que par le rétabliffement de la paix & de la tranquillité publique, bafes du bonheur & produits de loix fagement combinées & maintenues par l'activité de l'adminiftration; que les idées les plus folles, & les plus propres à exciter la fermentation des efprits, fe propagent & fe multiplient à l'infini; que le mal s'aggrave tous les jours, & que le défordre des opinions paroît être porté à fon dernier période, fur-tout quand on confidère la licence de ces Auteurs qui, fous le voile du patriotifme & de la vertu, ont l'impudence d'ériger l'infurrection en principe fous l'empire de la liberté, & ne rougiffent pas d'arborer l'étendard de la révolte, en dénaturant, par des interpré-

tations perverfes , le fyftême de l'organifation fo-
ciale.

Confidérant que le corps de ces diverfes obfervations devant être enfuite renvoyé par ledit
Comité aux foixante Diftricts , pour obtenir leur
approbation , avant d'être communiqué à l'Affemblée Nationale , il devient la matière de difcuffions & de débats interminables ; qu'il y a lieu
de craindre que les réfultats ne fuffent ou très-
difficiles à concilier , ou deftructifs de ces mêmes
obfervations ; & qu'en dernière analyfe , toutes
ces opérations n'aboutiroient probablement qu'à
confommer un temps précieux , & à perpétuer
l'anarchie.

Fermement convaincue que tous les Décrets de
l'Affemblée Nationale portent avec eux les ca-
ractères de la plus profonde fageffe , & que par
conféquent le falut de la Capitale ne peut être
confié en des mains plus fûres & plus habiles ;
que ce feroit l'expofer que de tarder davantage à
folliciter ladite Affemblée de lui donner un plan
de Municipalité , foit celui des Repréfentans de
la Commune avec modifications , foit tel autre
que lui dictera fa prudence & fa juftice.

Que la Ville de Paris doit être fatisfaite d'avoir
eu l'avantage particulier de faire fon plan muni-

cipal par l'organe de ſes Députés , & d'y joindre ſes obſervations ; que cette faveur étoit d'autant plus inattendue , que l'Aſſemblée Nationale , par ſon Decret du 16 Novembre dernier , avoit annoncé qu'elle s'occuperoit elle-même de ce plan ; Décret fondé en principe , puiſque l'organiſation de la Ville de Paris , à raiſon de ſes rapports politiques avec les Provinces , & de ſon influence très-directe comme centre de tous les pouvoirs , dépoſitaire du gouvernement & de la fortune publique , doit être traitée de concert avec toutes les parties contractantes & eſſentiellement intéreſſées au régime de ſon adminiſtration , c'eſt-à-dire les Repréſentans de la Nation ; que les Diſtricts doivent donc borner à ce point leurs prétentions à devenir Légiſlateurs , & abjurer l'idée que peut-être ils ont déjà conçue de concourir à la rédaction d'un nouveau plan.

Sollicitée par toutes ces conſidérations puiſſantes , l'Aſſemblée a arrêté à l'unanimité qu'elle renouvelloit ſon adhéſion à tous les Décrets des Repréſentans de la Nation , & que cinq de ſes Membres , MM. le Gros , Préſident ; Gallien , du Tertre de Veteuil , Dupoulx & Catret ſeroient nommés pour ſe rendre au Comité de Conſtitution de ladite Aſſemblée , à l'effet de la prier de vouloir bien organiser promptement la Ville de Paris ; déclare en conséquence, qu'elle révoque les pouvoirs précédemment donnés à ses quatre Députés au Comité central de Municipalité, & engage les autres Districts à prendre la même résolution ; les invitant à communiquer leurs observations aux Représentans de la Ville, que les ennemis du bien public ont cherché, contre toute justice & toute pudeur, à avilir par leurs calomnies & à dissoudre par leurs intrigues, à l'effet d'agiter & d'ébranler une seconde fois la Capitale en reproduisant les soulevemens & les désordres, si mieux n'aiment les Districts les faire parvenir directement à l'Assemblée Nationale par l'organe de son Comité de Constitution.

A arrêté, en outre, que sa présente Délibération sera imprimée, portée par les cinq Députés susmentionnés, à l'Assemblée de l'Hôtel-de-Ville, qui est priée de le prendre en considération, & d'appuyer sa démarche auprès de l'Assemblée Nationale ; qu'elle sera envoyée aux cinquante huit autres Districts, ainsi qu'au Comité central pour la Municipalité, en les conjurant au nom de la Patrie, du Peuple & de l'intérêt général, de réflechir mûrement sur les motifs qui l'ont dirigée, d'en faire l'objet de leurs plus férieufes réflexions, & de fe défier fur-tout des impreffions que les détracteurs de la Révolution & les fauteurs du defpotifme cherchent à répandre, d'écarter tout autre fentiment que celui de la paix, & de fe rallier aux principes de la modération & de la juftice, qui peuvent feuls affurer le bonheur & la gloire de cette première Ville du monde.

Fait en l'Eglie du Val-de-Grace lefdits jours & an.

LE GROS, Préfident.

MAURANS.
CATTET.   } Secrétaires.
JULIENNE.

Du Dimanche 14 Mars.

Ladite Affemblée extraordinairement convoquée en vertu de la Lettre de M. le Maire, en date du 13 Mars, lecture faite de l'Adreffe à l'Affemblée Nationale tendante à obtenir la Permanence des Diftricts, après une mûre délibération & une profonde difcuffion, a déclaré, à l'unanimité, qu'elle perfiftoit dans fes deux Arrêtés fus-énoncés.

Pour copie collationnée à l'original,

LE GROS, Préfident.

CATTET, Secrétaire.

A PARIS , chez BAUDOUIN , Imprimeur de L'ASSEMBLÉE NATIONALE , rue du Foin Saint-Jacques, N°. 31.